Mon Canada
ÎLE-DU-PRINCE-ÉDOUARD

Sheila Yazdani

TABLE DES MATIÈRES

Île-du-Prince-Édouard 3

Glossaire 22

Index 24

Un livre de la collection
Les jeunes plantes de Crabtree

Crabtree Publishing
crabtreebooks.com

Soutien de l'école à la maison pour les parents, les gardiens et les enseignants.

Ce livre aide les enfants à se développer grâce à la pratique de la lecture. Voici quelques exemples de questions pour aider le lecteur ou la lectrice à développer ses capacités de compréhension. Les suggestions de réponses sont indiquées en rouge.

Avant la lecture

- Qu'est-ce que je sais sur l'Île-du-Prince-Édouard?
  - *Je sais que l'Île-du-Prince-Édouard est une province.*
  - *Je sais qu'il y a de nombreuses plages à l'Île-du-Prince-Édouard.*
- Qu'est-ce que je veux apprendre sur l'Île-du-Prince-Édouard?
  - *Je veux savoir quelles personnes célèbres sont nées à l'Île-du-Prince-Édouard.*
  - *Je veux savoir à quoi ressemble le drapeau de la province.*

Pendant la lecture

- Qu'est-ce que j'ai appris jusqu'à présent?
  - *J'ai appris que Charlottetown est la capitale de l'Île-du-Prince-Édouard.*
  - *J'ai appris que le pont de la Confédération est le plus long pont au monde à franchir des eaux qui se couvrent de glace.*
- Je me demande pourquoi...
  - *Je me demande pourquoi la fleur de la province est le sabot de la Vierge.*
  - *Je me demande pourquoi on peut pêcher le thon à North Cape.*

Après la lecture

- Qu'est-ce que j'ai appris sur l'Île-du-Prince-Édouard?
  - *J'ai appris que le sable de la plage Singing Sands donne l'impression de chanter quand on marche dessus.*
  - *J'ai appris que l'animal de la province est le renard roux.*
- Lis le livre à nouveau et cherche les mots de vocabulaire.
  - *Je vois le mot **capitale** à la page 6 et les mots **premier ministre** à la page 19. Les autres mots de vocabulaire se trouvent aux pages 22 et 23.*

ÎLE-DU-PRINCE-ÉDOUARD

Bonjour! Je m'appelle Ezra. Bienvenue à l'**Île**-du-Prince-Édouard!

J'habite à Belfast. C'est une région **rurale**.

Le phare de Point Prim est à Belfast. C'est le plus ancien **phare** de l'Île-du-Prince-Édouard.

L'Île-du-Prince-Édouard est une **province** dans l'est du Canada. La **capitale** est Charlottetown.

Fait intéressant : Charlottetown est la plus grande ville de l'Île-du-Prince-Édouard.

L'animal de la province est le renard roux.

Le sabot de la Vierge est la fleur de la province.

Nous cultivons beaucoup de pommes de terre à l'Île-du-Prince-Édouard. Certaines sont utilisées pour faire des frites.

Fait intéressant : L'Île-du-Prince-Édouard cultive le plus grand nombre de pommes de terre parmi toutes les provinces canadiennes.

Des chênes ornent le drapeau de ma province. Tout en haut, il y a un lion d'or.

Le pont de la Confédération est le plus long pont au monde à franchir des eaux qui se couvrent de glace.

Fait intéressant : Le parc national de l'Île-du-Prince-Édouard compte plus de 300 espèces d'oiseaux, dont le pluvier siffleur.

Ma famille et moi visitons le parc national de l'Île-du-Prince-Édouard. L'été, nous nous baignons à la plage de Cavendish.

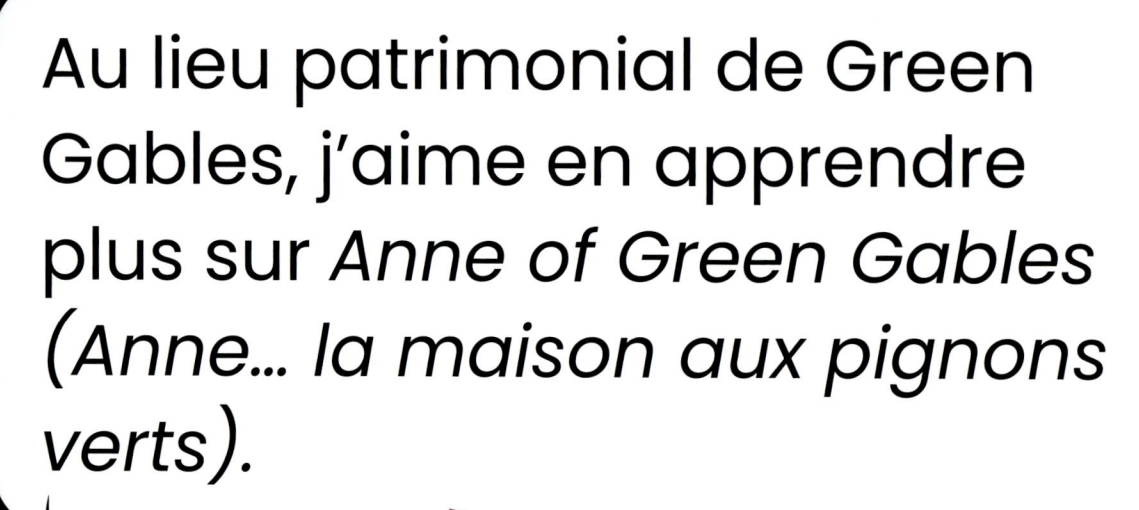

Au lieu patrimonial de Green Gables, j'aime en apprendre plus sur *Anne of Green Gables* (*Anne... la maison aux pignons verts*).

J'ai du plaisir à la plage Singing Sands. Quand tu marches sur le sable, cela fait un bruit qui ressemble à un chant!

Le poète Mark Strand est né à l'Île-du-Prince-Édouard. Gerard Gallant, entraîneur-chef dans la LNH, est aussi né à l'Île-du-Prince-Édouard.

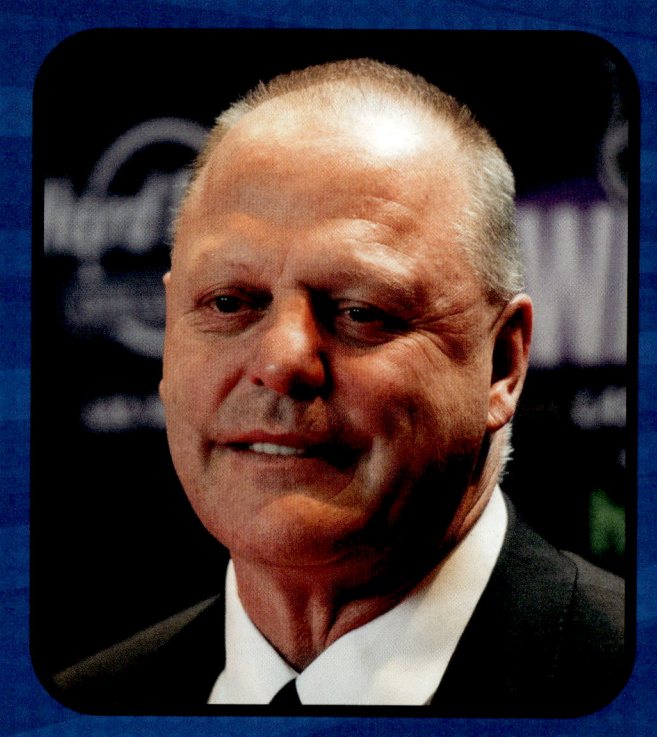

Fait intéressant : Louis Henry Davies, un ancien **premier ministre** de l'Île-du-Prince-Édouard, est né à Charlottetown, Île-du-Prince-Édouard.

J'aime découvrir l'histoire au Musée acadien.

J'aime pêcher le thon à North Cape.

Glossaire

capitale (ka-pi-tal) : La ville où se trouve le gouvernement d'un pays, d'un état, d'une province ou d'un territoire

île (il) : Une terre entourée d'eau

phare (far) : Une tour dotée d'une forte lumière qui sert à guider les navires

premier ministre (pre-mjé mi-nistr): Le chef du gouvernement d'une province ou d'un territoire

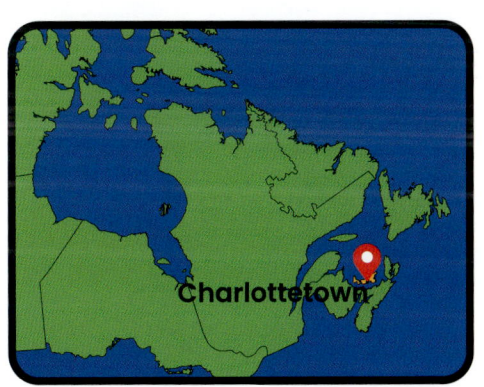

province (pro-vins): Au Canada, comme dans certains pays, c'est une des grandes zones qui le divise

rurale (ru-ral) : Adjectif : une zone située en dehors des villes

Index

Gallant, Gerard 18
Musée acadien 20
North Cape 21
plage de Cavendish 15
pommes de terre 10, 11
renard roux 8

À propos de l'auteure

Sheila Yazdani vit en Ontario, près des chutes Niagara, avec son chien Daisy. Elle aime voyager à travers le Canada pour découvrir son histoire, ses habitants et ses paysages. Elle adore cuisiner les nouveaux plats qu'elle découvre. Sa gâterie favorite est la barre Nanaimo.

Autrice : Sheila Yazdani
Conception et illustration : Bobbie Houser
Développement de la série : James Earley
Correctrice : Melissa Boyce
Conseils pédagogiques : Marie Lemke M.Ed.
Traduction : Claire Savard

Photographies :
Alamy: gary corbett: p. 14-15; Michael DeFreitas: p. 17; Dorothy Alexander: p. 18 left; The History Collection: p. 19, 23; Norman Barrett: p. 20
Newscom: Tom Donoghue/Polaris: p. 18 right
Shutterstock: Elena Elisseeva: cover; Vadim.Petrov: p. 3, 22; Prashanth Bala: p. 4-5, 22-23; Media Guru: p. 6, 22-23; Darryl Brooks: p. 7; Tory Kallman: p. 8; Edgar Lee Espe: p. 9; Steve Photography: p. 10-11; New Africa: p. 11; Millenius: p. 12; Pi-Lens: p. 13; Harry Collins Photography: p. 14; Pascal Huot: p. 16; Jay Adams Company: p. 21

Crabtree Publishing

crabtreebooks.com   800-387-7650
Copyright © 2025 Crabtree Publishing

Tous droits réservés. Aucune partie de cette publication ne doit être reproduite ou transmise sous aucune forme ni par aucun moyen, électronique, mécanique, par photocopie, enregistrement ou autrement, ou archivée dans un système de recherche documentaire, sans l'autorisation écrite de Crabtree Publishing Company. Au Canada : Nous reconnaissons l'appui financier du gouvernement du Canada par l'entremise du Fonds du livre du Canada pour nos activités de publication.

Imprimé aux États-Unis/062024/CG20240201

Publié au Canada
Crabtree Publishing
616 Welland Avenue
St. Catharines, Ontario
L2M 5V6

Publié aux États-Unis
Crabtree Publishing
347 Fifth Avenue
Suite 1402-145
New York, New York, 10016

Library and Archives Canada Cataloguing in Publication
Available at Library and Archives Canada

Library of Congress Cataloging-in-Publication Data
Available at the Library of Congress

Paperback: 978-1-0398-4339-4
Ebook (pdf): 978-1-0398-4352-3
Epub: 978-1-0398-4365-3
Read-Along: 978-1-0398-4378-3
Audio: 978-1-0398-4391-2